Sylvia von Lichem

Das kleine
Kartoffelbuch

Sylvia von Lichem

Das kleine Kartoffelbuch

Mit Farbbildern
von Ulrich Ullmann

Einleitungstexte
von Barbara Kosler

Tyrolia-Verlag · Innsbruck-Wien

Unser Dank gilt den Porzellanfabriken Seltmann-Weiden
und Villeroy & Boch für die Bereitstellung von Porzellan und Glas.

Fotos: Studio Ullmann, München; Pfanni-Werke, Heilbronn; CMA, Bonn
Food-Stylistin: Cecilia Grelle, München;
Küche: Sophia Ullmann, München;

Die Deutsche Bibliothek – CIP-Einheitsaufnahme
Lichem, Sylvia von:
Das kleine Kartoffelbuch / Sylvia von Lichem. Mit Farbbildern von
Ulrich Ullmann. Einl.- Texte von Barbara Kosler. - Miniausg. -
Innsbruck; Wien: Tyrolia-Verl., 1995
ISBN-Nr. 3-7022-2010-0
© Alle Rechte bei der Verlagsanstalt Tyrolia, Innsbruck 1995
Satz und Litho: DataWork, München

Inhalt

Ein Multi-Talent erobert die Welt

Als die alte Welt vor gut 500 Jahren durch Christoph Columbus den neuen Kontinent Amerika entdeckte, berauschten sich die Eroberer an den sagenhaften Goldschätzen der Inkas.

Das wahre Gold der Inkas, die Kartoffel, blieb lange ein ungehobener Schatz. Es war ein weiter und hindernisreicher Weg, den die Kartoffel seit ihrer Einführung in Europa zurücklegen mußte. Von der Fürstenspeise zum „arme-Leute-Essen" degradiert, als Dickmacher verleumdet, als altmodisches Kellerkind vom Teller verbannt.

Doch seit geraumer Zeit erlebt die Kartoffel eine Renaissance. Heute gilt sie vielen als „das Ei des Columbus", denn es gibt wohl kaum ein zweites Nahrungsmittel, das so viele Vorzüge bietet. Die Kartoffel macht satt – ohne dick zu machen, sie ist gesund – ohne langweilig zu sein, sie ist wertvoll und trotzdem bezahlbar. Sie ist ein kulinarisches Multi-Talent ohne Star-Allüren.

Probieren Sie's mal aus!

Die Kartoffel und das Geheimnis der inneren Werte

„Morgens rund, mittags gestampft, abends in Scheiben, dabei soll's bleiben – das ist gesund", dichtete schon Johann Wolfgang von Goethe. Was die bescheidene Kartoffel unter ihrer unscheinbaren Schale versteckt, ist sensationell. Und dabei haben 100 g Kartoffeln nur 68 Kalorien (285 kJ), das ist weniger als ein Apfel! Würde man seinen täglichen Bedarf von ca. 2200 Kalorien nur mit Kartoffeln decken, man müßte bei drei Kilo jeden Tag essen und würde dabei nicht ein einziges Gramm zunehmen oder gar unter Mangelerscheinungen wegen einseitiger Ernährung leiden!

Die Kartoffel besteht zu rund 75% aus Wasser und im übrigen aus geballter Energie und konzentrierter Gesundheit. Die **Kohlehydrate** sind schnelle Energielieferanten. Die **Ballaststoffe** brauchen wir für ein gut funktionierendes Verdauungssystem. Das **Kartoffel-Eiweiß** ist von der Menge her zwar we-

Kartoffelpüree (S. 27)

nig, von der biologischen Wertigkeit her aber das beste. Es enthält Aminosäuren, d. h. Bausteine, die für unseren Organismus lebenswichtig sind. Die Verbindung des pflanzlichen Kartoffeleiweiß mit dem tierischen Eiweiß, von Eiern und/oder Milch gilt unter Ernährungsfachleuten als optimal. Das in der Kartoffel enthaltene **Fett** ist minimal und zudem cholesterinfrei.

Die Kartoffel ist nicht nur ein kalorienarmes Kraftpaket, sondern auch ein Vitamin-Tresor. Besonders reichlich ist **Vitamin C** vertreten – zuständig für die Abwehr von Infekten sowie die Steigerung der Konzentration und Leistung.

Daneben spielen die *Vitamine B1, B2* und *B6* eine wichtige Rolle – sie sind zuständig für starke Nerven, gute Sehkraft, feste Fingernägel, gesunde Haut, ein kräftiges Herz etc. Aber das ist noch nicht alles!

Wertvolle Mineralstoffe und **Spurenelemente,** wie z. B. Kupfer, Eisen (blutbildend), Fluorid (gut für die Zähne), Magnesium (hilft gegen Streß) und Kalium (entwässert, macht schlank), machen die Kartoffel sozusagen zum Allroundgenie.

Kein Wunder also, daß die Kartoffel heute auch in der Medizin ihren festen Platz hat als Diät für Leute mit zu hohem Blutdruck, mit Gicht, Rheumatismus oder Nierenleiden, als Schonkost bei Magen-, Darm-, Leber- oder Gallenkrankheiten etc.

Und für alle, die gesund, schlank und fit bleiben wollen, ist die Kartoffel sowieso ein Muß.

Die Kartoffel als Heilpflanze

Schon die „Medizinmänner" der alten Inkas behandelten verschiedene Krankheiten mit der Kartoffel – angefangen bei Kopfschmerzen über Skorbut bis hin zu Knochenbrüchen.

Auch in der Medizin und Diätetik unserer Tage spielt die Kartoffel eine wichtige Rolle. Es würde den Rahmen dieses Kapitels sprengen, alle Einsatzmöglichkeiten der Kartoffel hier aufzuzeigen. Wir beschränken uns deshalb auf einige weitverbreitete Anwendungsmöglichkeiten der Kartoffel.

Diabetes:
Die meisten Diabetiker sind übergewichtig. Mit einer speziellen Kartoffel-Diät können Diabetiker abnehmen, ohne daß es zu schädlichen Nebenwirkungen oder erhöhter Blutzuckerkonzentration kommt.

Niereninsuffizienz:
Die kranken Nieren können Eiweiß nicht entspre-

chend ausscheiden. Die Eiweißzufuhr muß also genau dosiert sein, damit einerseits die Nieren des Patienten nicht überfordert werden und andererseits der Patient nicht unter Eiweißmangel leidet. Hierfür gibt es eine spezielle Kartoffel-Eiweiß-Diät.

Gicht und Harnsäuresteine:
Diese Krankheit entsteht durch erhöhte Harnsäurewerte z. B. durch den Genuß von zuviel Fleisch und tierischem Fett. Mit einer purinarmen (= harnsäurearmen) Kartoffelkost kann man Gichtbeschwerden vorbeugen bzw. den Harnsäurespiegel senken und damit der Entstehung von Harnsäuresteinen entgegenwirken.

Hypertonie:
Unter Bluthochdruck (Hypertonie) leiden viele Menschen. Erhöhter Blutdruck entsteht oft auch durch eine zu salzhaltige Ernährungsweise. Die Kartoffel als extrem natriumarmes Nahrungsmittel ist hier die ideale Kost. Daß diese Diät alles andere als langweilig ist, belegen an die zweihundert Kartoffel-

gerichte, die hierfür inzwischen ausgearbeitet wurden. Übrigens: Ein Entlastungs- oder Entschlackungstag mit Kartoffeln oder ab und zu eine siebentägige Kartoffel–Kur wird von den Ärzten für Hypertoniker eindringlich empfohlen.

Allergie:

Dieses Thema nimmt in der letzten Zeit immer breiteren Raum ein. Eine Allergie auf Kartoffeln ist so extrem selten, daß man Nahrungsmittel-Allergikern empfehlen kann, ihre Ernährung auf Kartoffelbasis zu beginnen. Nach und nach kommen dann die anderen Nahrungsmittel dazu, so daß man den oder die „Übeltäter" zweifelsfrei herausfinden kann.

Zöliakie:

Zöliakie ist eine bisher nicht heilbare Unverträglichkeit von Getreidesorten jeder Art. Viele Grundnahrungsmittel müssen ersetzt werden – das geht problemlos mit der Kartoffel.

Und hier noch einige **Tips** aus der **Hausapotheke**:

Bei **Durchfall** ungesalzenen Kartoffelbrei essen, der nur mit Wasser angerührt wurde.

Gegen **Sodbrennen** trinkt man am besten morgens auf nüchternen Magen ein halbes Glas frisch gepreßten Saft von rohen Kartoffeln. Naturmediziner heilen damit sogar Gastritis und Magengeschwüre!

Wer unter **Bauchschmerzen** oder **Halsentzündung** leidet, findet rasch Linderung durch Kartoffelkompressen (heiße, ungeschälte Kartoffeln grob zerquetschen, in ein Leinensäckchen füllen und auf die schmerzende Stelle legen).

Bei **Brandwunden** geriebene, rohe Kartoffeln auflegen, und sobald sie trocken sind, durch frische Kartoffeln ersetzen. Das entzieht die Hitze und verhindert das Entstehen der gefürchteten Blasen.

Wissenswertes rund um die Kartoffel

Qualitätsmerkmale: Speisekartoffeln müssen folgenden Kochtypen entsprechen:

1. Festkochend
Diese Sorten springen beim Kochen nicht auf und eignen sich vor allem für Salate und Pellkartoffeln.

2. Vorwiegend festkochend
Springen beim Kochen nur wenig auf, sind nur mäßig feucht und vor allem für Salz- und Bratkartoffeln geeignet.

3. Mehlig kochend
Die Schale springt beim Kochen auf, sie wirken locker und eignen sich zur Teigherstellung sowie für Kartoffelbrei und -püree. Ebenso braucht man sie zur Suppen- und Eintopfherstellung.

Je mehr Stärke die Kartoffelsorte enthält, desto mehliger wird die Kartoffel erscheinen. Mehlige Kartoffeln wirken lockerer als festkochende Sorten.

Früher gehörte das Einkellern von Kartoffeln zum Jahresablauf. Heute, da man Kartoffeln rund ums Jahr

Kartoffel mit Butter

im Laden kaufen kann, und viele Wohnungen nur selten über lagerungsgeeignete Keller verfügen, kommt man mehr und mehr davon ab.

- Wer noch die Möglichkeit der Einkellerung hat, sollte dazu nur gesunde, unbeschädigte, saubere Kartoffeln verwenden.
- Verschiedene Sorten nicht vermischen!
- Die Kartoffeln so lagern, daß auch von unten eine Luftzuführung gewährleistet ist.
- Kartoffeln auf ca. 40 cm Gesamthöhe auf einen Lattenrost aufschütten.
- Kartoffeln niemals in der Verpackung lagern!
- Die Lagerräume müssen kühl, frostfrei, trocken und dunkel sein.
- Den Lagerraum vor allem bei feuchtkühlem Wetter regelmäßig gut durchlüften! Frosteinwirkung muß vermieden werden. Beste Lagertemperatur +4°C.
- Kartoffeln nicht unnötig hin- und herbewegen. Es fördert die Keimbildung.
- Keime vor dem Kochen sorgfältig abzupfen.
- Grüne Kartoffeln nicht verzehren!

Tips und Tricks

- Kartoffelwasser enthält wertvolle Vitamine und Nährstoffe.
- Geschälte Kartoffeln nicht mehr lange im Wasser liegen lassen, sie verlieren zu viel Vitamin C.
- Fritierte Kartoffeln kann man warmstellen, aber nicht vorher salzen, dies läßt sie weich werden.
- Knödel – wer sie noch nicht perfekt beherrscht, soll immer einen Probeknödel anfertigen. Ist er zu weich, muß dem Teig Mehl zugegeben werden.
- Bei Kartoffelknödeln kann man das Garwasser mit etwas Speisestärke binden, dann klappt es sicher!
- Mühelos schält man Kartoffeln, wenn man sie nach dem Kochen mit kaltem Wasser abschreckt.
- Aus übriggebliebenen Knödeln kann man einen Knödelsalat bereiten.
- Kartoffelsalat sollte man nicht aufheben, sondern immer frisch zubereiten.
- Knödel stets im offenen Topf kochen. So kann man besser beobachten, daß das Wasser nicht kocht, sondern nur leicht siedet.

Maße und Gewichte

Alle Rezepte sind für *4 Personen* berechnet. Die Angaben beim Mehl sind nicht immer genau, da sehr oft so viel Mehl zugegeben werden muß, **wie der Teig verlangt**. Dies setzt mitunter gute bis sehr gute Kochkenntnisse voraus. Nicht alle Rezepte eignen sich daher für Koch-Anfänger.

EL = Eßlöffel • TL = Teelöffel • l = Liter
Msp. = Messerspitze • Pckg. = Packung

Sorten

Grundsätzlich unterscheidet man bei Kartoffeln zwischen **vorwiegend festkochend** und **mehligkochend**. Zu ersterem zählen die bekannten Sorten Sieglinde und Nicola, zum zweiten die Sorten Aula, Datura, Bintje und Irmgard. Sehr frühe und frühe Sorten eignen sich nicht zum Einkellern, mittelfrühe Sorten sind bedingt, die mittelspäten bis späten Sorten hingegen ideal zur Lagerung geeignet.

Suppen

Klassische Kartoffelsuppe

750 g Kartoffeln, 2 Zwiebeln, 2 Bd. Suppengrün, 2 Karotten, 100 g geräucherter Speck, 1 l Fleischbrühe, 1 Bund Petersilie, Salz, Pfeffer, Majoran

Kartoffeln schälen und in Würfel schneiden. Mit Wasser bedeckt stehen lassen. Zwiebeln in Ringe schneiden, Suppengrün feinhacken, Speck kleinwürfeln und in einem Topf auslassen. In das ausgelassene Fett die Zwiebelringe geben und glasig werden lassen. Suppengrün hinzufügen. Karotten würfeln und ebenfalls beigeben. Kartoffeln in die Fleischbrühe geben, mit Pfeffer, Salz und Majoran abschmecken und ca. 40–50 Minuten zugedeckt köcheln lassen. Wer möchte, kann die Suppe nach dem Ende der Garzeit passieren. Mit gehackter Petersilie bestreuen.

Legierte Petersilien-Kartoffelsuppe

40 g Butter, 1 gewürfelte Schalotte, 3 Kartoffeln, 3/4 l Hühnerbrühe, 2 Tassen gehackte Petersilie, je 1 TL Estragon und Basilikum (gehackt), 200 g Schlagrahm, 1 TL Salz, 1/4 TL weißer Pfeffer, 1 Msp. geriebene Muskatnuß, 1TL Zitronensaft, 1 EL gehackte Petersilie, 2 Eigelb

Butter im Topf erhitzen, Schalotten würfeln und darin goldgelb werden lassen. Geschälte Kartoffeln in Scheiben zugeben. Hühnerbrühe angießen. Petersilie, Estragon und Basilikum einrühren. Suppe bei mittlerer Hitze ca. 15 Min. kochen lassen, bis die Kartoffeln weich sind. Im Mixer pürieren, Schlagrahm in die Suppe geben. Mit Salz, Pfeffer und Muskat würzen.

Fränkische Kartoffelsuppe

50 g Margarine, 50 g Semmelbrösel, 2 mittelgroße Kartoffeln, $1^{1/4}$ l Fleischbrühe, Salz, Pfeffer, Majoran, 1 Ei, 4 EL Sauerrahm, Schnittlauch

Margarine zerlassen, Semmelbrösel darin goldgelb bräunen, Kartoffeln reiben und zugeben. Mit Fleischbrühe aufgießen, würzen und ca. 20 Min. kochen lassen. Ei mit Sauerrahm verquirlen und mit der Suppe binden. Mit Schnittlauch anrichten.

Kartoffelsuppe mit Champignons

250 g Kartoffeln, 1 Lauchstange (nur das Helle verwenden), 200 g frische Champignons, 1 mittelgr. Zwiebel, feingehackt, 50 g Butter, 2 EL frischer gehackter Kerbel, 1 l Hühnerbrühe, Salz, Pfeffer, Ingwerpulver, Muskat, 1/8 l Schlagrahm

Kartoffeln schälen, in Scheiben, Lauch in Ringe schneiden. Champignons putzen, feinblättrig schneiden, einige davon zurücklegen. Butter in Topf schmelzen, Zwiebel, Kartoffeln, Lauch und Champignons salzen, pfeffern und Ingwerpulver zugeben. In der Butter unter ständigem Rühren ca. 10 Min. dünsten, aber nicht bräunen. Mit der Hühnerbrühe auffüllen und ca. 20 Min. kochen lassen. Mit dem Mix-

Legierte Petersilien–Kartoffelsuppe (S. 22)

stab im Suppentopf pürieren. Den Kerbel zugeben und mit Schlagrahm binden. Muskat darüberstäuben. Zum Anrichten blättrig geschnittene Champignons obendrauf geben.

Schnelle Kartoffelsuppe

1 Zwiebel, 200 g Fleischwurst oder Leberkäs, 2 EL Öl, 1 l Wasser, 1 Pckg. Instant Kartoffelsuppe, 1–2 TL mittelscharfer Senf, 2 EL gehackte Petersilie

Zwiebeln in dünne Ringe, Fleischwurst bzw. Leberkäse in Streifen schneiden, beides in heißem Öl ca. 5 Min. rösten. Mit Wasser auffüllen und zum Kochen bringen. Topf von der Kochstelle nehmen, Kartoffelsuppenpulver mit dem Schneebesen einrühren. Mit Senf abschmecken, mit Petersilie bestreut servieren.

Beilagen

Kartoffelpüree

1 kg mehlige Kartoffeln, Wasser, Salz, 50 g Butter oder Margarine, 1 Eigelb, 1/4 l heiße Milch

Kartoffeln schälen, waschen und in einem Topf mit gesalzenem Wasser zum Kochen bringen. Rund 20–30 Min. weich kochen lassen, abgießen und ausdämpfen. Durch Kartoffelpresse drücken und mit dem Stampfer zu Mus zerdrücken. Unter Rühren, bei mäßiger Hitze, Butter, Eigelb und Milch hinzufügen, mit Salz abschmecken, mit dem Schneebesen so lange schlagen, bis es weiß und schaumig ist.

Schweizer Rösti – auch Röschti genannt

1 kg Pellkartoffeln, Salz, Pfeffer, 50 g Butter/Marg.

Kartoffeln am besten schon am Vortag kochen, schälen und groß raspeln (evtl. mit Hilfe einer Röstiraffel), salzen, pfeffern. Hälfte der Butter oder Margarine in der Pfanne erhitzen, geraffelte Kartoffeln in der Pfanne verteilen, flachdrücken (mit einem Teller). Rund 25 Min. goldbraun braten, wenden (mit Hilfe des Tellers), restliche Butter oder Margarine in die Pfanne geben und auf der 2. Seite auch ca. 20-25 Min. goldbraun braten. Auf vorgewärmtem Teller als Beilage zu Geschnetzeltem servieren, schmeckt aber auch mit Salat als Einzelgericht köstlich.

Ein langlebiges „Verhältnis":
Bratkartoffeln

1 kg Kartoffeln, 100 g Fett oder ca. 1/8 l Öl, 2 große Zwiebeln, Salz, Pfeffer

Wohl das bekannteste Kartoffelrezept der Welt. Einfach zuzubereiten, aber immer köstlich! Kartoffeln waschen, schälen und in Scheiben schneiden (schneller geht es mit der Küchenmaschine). Fett bzw. Öl stark erhitzen, Kartoffelscheiben hineingeben und scharf anbraten. Mehrmals wenden, bis die

Bratkartoffeln (S. 28)

Kartoffeln schön braun und knusprig sind. Zwiebeln feinhacken und zugeben. Salzen und pfeffern je nach Verliebtheitsgrad! Bratkartoffeln sind variabel, ob feurig-scharf mit Cayennepfeffer und rotem Chili, klassisch mit Spiegelei oder französisch mit Petersilie und Schalotten, es findet sich bestimmt immer ein dankbarer Abnehmer.

Belgiens Rache an Frankreichs Küche:

Pommes frites und Variationen

1 kg große Kartoffeln, 750 g Fett oder 1 l Öl, Salz

Sie traten ihren Siegeszug um die ganze Welt als französische Spezialität an – und kommen doch ursprünglich aus dem schönen Belgien, wo man üppige Küche über alles liebt. Viel geschmäht, aber von allen Kindern (und nicht nur von ihnen) heiß geliebt, schmecken sie selbstgemacht halt immer noch am besten. Kartoffen schälen und in ca. 1cm dicke Scheiben und diese dann in 1cm breite und rund 5cm lange Stifte schneiden. Auf Küchenkrepp trockentupfen. Fett oder Öl auf 180°C erhitzen, die Kartoffeln in Portionen teilen und hineingleiten lassen (Achtung: Spritzgefahr!). In rund 8 Min. goldbraun ausbacken, mit dem Schaumlöffel herausnehmen, zum Abtropfen erneut auf Küchenkrepp legen, salzen und sofort servieren. Größere Mengen muß man vorfritieren, damit sie außen knusprig, innen hingegen weich serviert werden können. Bei Kindern keinesfalls ausreichend Ketchup oder Mayo (sprich Mayonnaise) vergessen!

Ein interessante Variante der Pommes frites stellen die **Pommes pailles/Strohkartoffeln** dar. Die Kartoffeln werden dazu in strohhalmdünne Stifte geschnitten. Wer es ohne Pflaster schafft, sie sogar streichholzdünn zu schneiden, darf diese Variante vornehm als **Pommes allumettes** servieren und verschafft sich schon mit der Bezeichnung bei jedem Besucher Respekt. Oder hätten Sie's gewußt? Wer hingegen auf seine schlanke Linie bedacht ist, sollte auf diese Kalorienbomben aber mann-/ bzw. frauhaft verzichten.

Adel verpflichtet:

Dauphinekartoffeln

500 g Kartoffeln, Salz, Wasser, 50 g Butter, 2 Eigelb; Brandteig: 1/4 l Wasser, 50 g Butter, 1 Prise Salz, 150 g Mehl, 4 Eier, Muskatnuß, Salz, 750 g Fett oder 1 l Öl

Nicht nur im Geschmack, auch in der Zubereitung wahrhaft königlich. Kartoffeln waschen, schälen und weichkochen, durch die Presse drücken, abkühlen lassen, mit Butter und Eigelb verrühren. Für den Brandteig Wasser, Butter und Salz in einem Topf aufkochen. Von der Kochstelle nehmen, das ganze Mehl auf einmal hinzufügen, mit dem Kochlöffel glattrühren, so daß keine Klümpchen entstehen. Topf auf die Kochstelle geben und bei wenig Hitze weiterrühren, bis sich ein Kloß bildet. 1 Ei zugeben, Teig ca. 8 Min. abkühlen, nacheinander restl. Eier zugeben. Kartoffelmasse untermischen, mit Salz und Muskat abschmecken. In Spritzbeutel mit großer, runder Öffnung geben, ca. 3 cm lange Würstchen heraus-

Dauphinekartoffeln (S. 32)

pressen, abschneiden und im kochenden Fett goldgelb ausbacken. Schmeckt stets vorzüglich zu allen Wildgerichten.

Herzoginkartoffeln / Pommes duchesse

1 kg mehlig kochende Kartoffeln, Wasser, Salz, 200 g Butter oder Margarine, 6 Eigelb, geriebene Muskatnuß, Butter zum Einfetten

Kartoffeln waschen, schälen und in einem Topf mit gesalzenem Wasser zum Kochen bringen. Rund 20-30 Min. weichkochen lassen, abgießen und ausdämpfen. Durch ein Sieb streichen, Butter oder Margarine beifügen. Mit Salz und Muskat abschmecken. 5 Eigelb zugeben und schaumigrühren. Masse in Spritzbeutel füllen und kleine Häufchen auf ein gefettetes Backblech spritzen. 1 Eigelb verquirlen und die Häufchen damit bestreichen. Im vorgeheizten Ofen auf mittl. Schiene ca. 10 Min. bei 220°C überbacken. Heiß servieren als Beilage zu Fleischgerichten. Man kann den Teig zusätzlich mit edelsüßem Paprika würzen.

Schwedens Traum vom Süden:

Hasselback-Potatis

10 große, längliche Kartoffeln, Margarine zum Einfetten, 2 EL Parmesan, 100 g Butter, Salz

Kartoffeln waschen, schälen, trockentupfen. Kartoffeln in dünne Scheiben, jedoch nicht ganz durchschneiden, so daß die Kartoffeln unten noch zusammenhängen. Dies erfordert etwas Übung! Feuerfeste Auflaufform einfetten, Kartoffelfächer daraufsetzen, salzen, mit Butterflöckchen belegen. Im vorgeheizten Backofen insgesamt ca. 60 Min. bei 200°C backen. Immer wieder mit Butter bepinseln, damit die Kartoffeln schön auffächern. 5 Min. vor Ende der Backzeit mit Parmesan bestreuen. Sofort servieren. Passen als Beilage zu Fisch- und Fleischgerichten.

Byronkartoffeln

1 kg Kartoffeln, 50 g Butter, Salz, Pfeffer, Margarine zum Backen, 1/4 l Sauerrahm, 50 g Reibkäse

Dem vielgereisten englischen Dichter Lord Byron wird dieses Gericht zugeschrieben. Kartoffeln waschen und mit der Schale kochen. Schälen, grobhacken, mit Butter leicht verrühren, salzen, pfeffern. In einer leicht gefetteten Pfanne goldbraun braten, auf feuerfeste Platte stürzen und mit dem Sauerrahm übergießen, mit geriebenem Käse bestreuen. Im vorgeheizten Ofen ca. 15 Min. bei 220°C überbacken, bis der Käse zerlaufen ist. Snobs schmeckt dieses Gericht auch mit Kaviar als Beilage vorzüglich!

Glasierte Kartoffeln

750 g kleine Kartoffeln, 1 l Wasser, 100 g Zucker, 3 EL Butter, 1 EL Wasser, Muskatnuß

Kartoffeln kochen und schälen, Zucker in Topf 5 Min. bei wenig Hitze goldbraun rösten, Butter und Wasser unterrühren, mit Muskat würzen. Kartoffeln darin schwenken, bis sie mit der Karamelmasse überzogen sind. In einer vorgewärmten Schüssel als Beilage zu Grünkohl und Kastanien servieren.

Knödel oder Klöße

Für fortgeschrittene Knödel-Könner:
Waldviertler Knödel

300 g Kartoffeln, Prise Salz, 1 kg Kartoffeln

300 g Kartoffeln kochen, schälen, reiben und auf einem Teller zum Trocknen auslegen. 1 kg Kartoffeln roh schälen, waschen und in Schüssel mit kaltem Wasser reiben. Durch ein Leinentuch seihen und ganz fest ausdrücken. Den Kartoffelklumpen mit den gekochten Kartoffeln vermischen, salzen. Das Auspreßwasser vorsichtig abgießen, so daß die abgesetzte Stärke zurückbleibt, diese zum Teig geben, alles verkneten (kein Mehl zugeben!). Mit nassen Händen Knödel formen, in kochendem Salzwasser ca. 20 Min. köcheln lassen. **Strapaziknödel** erhält man, wenn man dem Teig 125 g Topfen (Quark), 1 Ei und etwas Grieß beimengt. Schmecken zu Selchfleisch und Schweinebraten gar köstlich, sind allerdings aufwendig in der Zubereitung.

Ybbser Erdäpfelknödel

500 g Kartoffeln, Salz, 1 Ei, 50 g Semmelwürfel, 2 EL Grieß, Öl oder Margarine

Kartoffeln kochen, schälen, noch heiß reiben und mit den im Fett angerösteten Semmelwürfeln vermengen. Ei, Prise Salz und Grieß zugeben und alles zu einem nicht zu festen Teig verarbeiten. Mit nassen Händen Knödel formen, auf einem feuchten Tuch ca. 30 Min. rasten lassen. In kochendem Salzwasser rund 10 Minuten sieden.

Gebackene Speckknödel

1 kg Kartoffeln, Mehl, Salz, 2 Eier, 450 g Speck oder Geselchtes, Petersilie, Fett, ca. 1/8 l Milch, 1 Ei, Salz

Kartoffeln kochen, schälen und auskühlen lassen. Reiben, mit Salz und Eiern zu einem glatten Teig verarbeiten. Speck feinwürfeln, auslassen, mit Petersilie vermischen. Mit nassen Händen Knödel formen, in die Mitte ein Loch drücken und jeweils ca. 1 EL Speck-Petersilien-Masse hineingeben. Fett in Pfanne zerlassen, Knödel eng nebeneinander hineinschichten, im Rohr bei ca. 200°C rund 20 Min. backen. 5 Min. vor Ende der Backzeit Milch mit Ei und Prise Salz verquirlen, über die Knödel gießen, überbacken.

Schlesische Kartoffelknödel

1500 g Kartoffeln, 250 g Mehl, Salz, 2 Eier, 1$^{1/2}$ l Wasser, 2 Scheiben Weißbrot, 20 g Butter,

Kartoffeln kochen, schälen, durch die Presse in eine Schüssel drücken. 200 g Mehl, Eier und Salz beigeben. Weißbrot in kleine Würfel schneiden und in Butter rösten. Aus der Kartoffelmasse mit bemehlten Händen Knödel formen, Loch hineindrücken und 2–3 Brotwürfel hineingeben, Knödel schließen, Knödel auf einem bemehlten Brett oder Teller wenden, in kochendem Salzwasser ca. 20 Min. sieden. Mit dem Schaumlöffel herausnehmen und in vorgewärmter Schüssel servieren. **Polnische Knödel**

Halbseidene Knödel (S. 42)

erhält, wer statt der 1 1/2 kg gekochten Kartoffeln nur 500 g gekochte und 1 kg rohe Kartoffeln nimmt.

Halbseidene

1 kg Kartoffeln, 1 l Wasser, 3/8 l Milch, 200 g Speisestärke, Salz, 2 Semmeln, 40 g Butter oder Margarine, ca. 2 l Wasser zum Kochen

Kartoffeln kochen und schälen, noch heiß durch die Kartoffelpresse drücken. Milch aufkochen, mit der Speisestärke und dem Salz zum Kartoffelteig geben, zu glattem Teig verarbeiten und 15 Min. ruhen lassen. Semmeln in Würfel schneiden und in Fett goldgelb rösten. Aus dem Kartoffelteig Knödel formen, Brotwürfel in die Mitte hineingeben. In kochendem Salzwasser ca. 20 Min. sieden lassen.

Pfälzer Knödel

750 g Kartoffeln, Wasser, Salz, 75 g ger. Speck, 4 Zwiebeln, Salz, Pfeffer, Muskatnuß, 20 g Schmalz

Kartoffeln schälen und in Salzwasser weichkochen. Den Speck feinwürfeln und in der Pfanne auslassen. 2 Zwiebeln hacken und zum Speck geben, ca. 5 Min. hellbraun rösten. Kartoffeln abgießen, trockendämpfen und durch die Presse in eine Schüssel drücken. Mit Speck und Zwiebeln mischen, mit Salz, Pfeffer und Muskat würzen. 2 Zwiebeln in Ringe schneiden und in der Pfanne mit Fett knusprig braun braten. Warmstellen. Die Kartoffelmasse unter ständigem Rühren erhitzen, mit zwei Löffeln Knödel ausstechen, diese auf eine heiße Platte legen, und mit den Zwiebelringen garniert sofort servieren.

Schwäbische Kartoffelknödel

1 kg Kartoffeln, Salz, 3 Semmeln, 3/4 l Milch, 125 g Speck, 2 Zwiebeln, 1/2 Bd. Petersilie und Schnittlauch, 150 g Mehl, 1 Ei, 3 Scheiben Weißbrot, 20 g Butter, 1 Msp. geriebene Muskatnuß

Kartoffeln waschen, kochen, schälen, ausdämpfen. Durch die Presse drücken. Semmeln in Milch ein-

Kartoffelknödel (S. 37–47)

weichen, Speck würfeln, auslassen, feingehackte Zwiebeln beigeben, goldbraun braten. Petersilie und Schnittlauch hacken, alles zu den Kartoffeln geben und mit Mehl und Ei zu Teig verarbeiten. Weißbrot in Würfel schneiden, diese in Butter anrösten. Zusammen mit den ausgedrückten Semmeln in den Teig einarbeiten. Mit Muskat und Salz würzen. Mit nassen Händen Knödel formen, in siedendem Salzwasser ca. 20 Min. garziehen lassen. Um ganz sicherzugehen, kann man einen Probeknödel vorab bereiten.

Kartoffelknödel

1500 g Kartoffeln, 200 g Mehl, Salz, 1 Msp. geriebene Muskatnuß, 2 Eier, Mehl zum Bestäuben

Kartoffeln kochen, schälen, durch die Presse drücken, Mehl, Salz und Muskat zufügen. In die Mitte eine Mulde drücken, Eier hineingeben. Mit etwas Mehl diese zu einem dünnen Teig rühren, dann mit der übrigen Teigmasse vermengen. Schnell verkneten, Knödel formen. In kochendes Salzwasser geben und bei schwacher Hitze portionsweise garziehen lassen. Wenn die Knödel alle oben schwimmen, noch ca. 15–20 Min. ziehen lassen, mit dem Schaumlöffel herausnehmen und sofort servieren.

Erinnerung an Siebenbürgen:
Flutten mit Kukuruzmehl

750 g Kartoffeln, 200 g Kukuruzmehl (Maismehl), Salz, 1 große Zwiebel, 100 g Butter oder Margarine

Kartoffeln waschen, schälen und kochen. Wenn sie halb gar sind, salzen und nun das Kukuruzmehl ins Wasser streuen, mit einer Gabel durchziehen. Die Kartoffeln garkochen, durch die Presse drücken, salzen, evtl. noch etwas Weizenmehl zugeben, ausdämpfen lassen. Zwiebel feinhacken und in Butter rösten. Mit dem Eßlöffel, der in die heiße Butter getaucht wird, Knödel ausstechen und in der zerlaufenen Butter abschmälzen. Mit Zwiebeln garniert zu Gulasch servieren.

Grammel-Knödel

1 Pckg. „Gekochte Knödel", 1/2 l Wasser, 125 g Grammeln (Grieben), Schnittlauch

Packungsinhalt in das kalte Wasser einrühren und 5 Min. quellen lassen. Aus dem Teig 8 Knödel formen, Grammeln mit Zwiebeln und Knoblauch abrösten, in die Mitte geben. Knödel in kochendes Salzwasser legen, 20 Min. ziehen lassen, Schnittlauch darüber.

Kleine Eierknödel

1 Pckg. Knödel halb und halb, 1/2 l Wasser, 1 Semmel, 20 Butter, 1 Ei, 2 EL Petersilie, Pfeffer, Salz, Muskat

Semmel würfeln, in heißer Butter goldgelb rösten, Ei, Semmelwürfel und Gewürze in das kalte Wasser geben, Knödelpulver einrühren, 10 Min. quellen lassen. 24 Knödel formen, in kochendes Salzwasser legen, einmal aufkochen und in 15 Min. garziehen lassen.

Pichelsteiner (S. 51)

Eintöpfe

Irish Stew

750 g Kartoffeln, 500 g mageres Hammel- oder Lammfleisch, 400 g Zwiebeln, Salz, weißer Pfeffer, 1 Msp. Thymian, 1 Lorbeerblatt, 1/2 l Fleischbrühe, 1 Bund Petersilie, evtl. 500 g Weißkraut

Fleisch waschen und würfelig schneiden. Kartoffeln und Zwiebeln schälen und in Ringe schneiden. Schichtweise Fleisch, Kartoffeln und Zwiebeln in einen großen Topf geben, wobei die Kartoffeln Anfang und Ende bilden. Jede Schicht würzen, Lorbeerblatt und Thymian zugeben, mit Fleischbrühe aufgießen und bei geringer Hitze im geschlossenen Topf ca. 45 Min. köcheln lassen. Wer will, kann dem Gericht auch noch feingeschnittenes Weißkraut zufügen. Vor dem Servieren mit Petersilie bestreuen, sehr heiß servieren! Lammfleisch schmeckt nicht so streng wie Hammel, der vom Originalgericht nicht wegzudenken ist, aber nicht immer geschätzt wird.

Pichelsteiner

Je 200 g Rind- und Schweinefleisch, 200 g Lamm-
oder Hammelfleisch, 500 g Kartoffeln, 500 g Weiß-
kraut 3 Karotten, 1 kleiner Kopf Sellerie, 2 Zwie-
beln, 2 Stangen Lauch, 50 g Ochsenmark, 2 EL
Mehl, Salz, Pfeffer, Majoran, 1 Bd. Petersilie

Ochsenmark gründlich waschen, trockentupfen, in
Scheiben schneiden und von einem großen Topf den
Boden damit auslegen. Fleisch in Würfel schneiden,
salzen, pfeffern, Gemüse putzen und ebenfalls in
Würfel schneiden, Kartoffeln waschen und in
Scheiben oder Würfel schneiden. Weißkraut hobeln.
Alles schichtweise auf das Ochsenmark verteilen,
jede Lage mit Salz, Pfeffer, Majoran würzen. Mit
Wasser bedecken, einmal aufkochen lassen und zuge-
deckt dann ca. 1 1/2 Std. garen. Nicht umrühren! Zum
Schluß den Pichelsteiner in eine große Terrine füllen
und mit Petersilie bestreut servieren. Mit frischem
Weißbrot servieren. Schmeckt vor allem in der kalten
Jahreszeit vorzüglich.

Gaisburger Marsch

500 g Rindfleisch, 250 g Suppenknochen, 500 g Kartoffeln, 250 g Spätzle, 2 Zwiebeln, 1 Bd. Suppengrün, 1 EL Butter, Salz, Pfeffer

Rindfleisch und Knochen gut waschen und zusammen mit einer Zwiebel und dem Suppengrün aufsetzen und rund 2 Std. kochen lassen. Zwischendurch immer wieder abschäumen. Kartoffeln waschen, schälen und in kleine Schnitzel schneiden. Wenn das Fleisch weich ist, aus der Brühe nehmen und warmstellen. Kartoffeln in der Brühe weichkochen, Fleisch in Würfel schneiden und zugeben. Spätzle separat zubereiten und ebenfalls zugeben. Die zweite Zwiebel in Butter bräunen und auf dem Gericht verteilen. Zum Schluß gut abschmecken, heiß servieren.

Grenadiermarsch

1 große Zwiebel, 100 g Speck, 20 g Butter oder Margarine, 500 g Kartoffeln, 3 TL Paprika edel-

süß, Salz, 1¹/² l Fleischbrühe, 1 rote, 1 grüne Paprikaschote, 250 g Bandnudeln, 1 l Wasser

Zwiebeln schälen, Speck würfeln, in etwas Butter auslassen und Zwiebeln darin anrösten. Kartoffeln waschen, schälen und in Würfel schneiden, zufügen und Paprika und Salz abschmecken. Mit Fleischbrühe auffüllen. Paprikaschoten putzen, würfelig schneiden. ebenfalls beigeben und ca. 20 Min. köcheln lassen. Zwischenzeitlich die Nudeln „al dente" kochen und dem fertigen Gericht beimischen.

Schneller Kartoffel-Bohnen-Eintopf

1 Zwiebel, 1 Knoblauchzehe, 2 EL Öl, 3/4 l Wasser, 1 Pckg. Brechbohnen, (evtl. aus der Dose), 1 Dose Kartoffel-Eintopf mit Würstchen, 2 TL Kräuter der Provênce, 250 g Tomaten, Salz, Pfeffer

Zwiebeln und Knoblauchzehe schälen und feinhacken. Beides in Öl andünsten, Wasser zugeben, aufkochen lassen. Brechbohnen zufügen und 10 Min.

garen. Eintopf ohne Würstchen zusammen mit den Kräutern beifügen, erneut 10 Min. kochen lassen. Tomaten abziehen und würfelig, Würstchen in Scheiben schneiden, beifügen und nur noch kurz erhitzen. Mit Salz und Pfeffer abschmecken.

Wiener Erdäpfel-Gulasch

40 g Fett, 40 g Speck, 200 g Zwiebeln, 1 EL Paprika edelsüß, 1/2 EL Essig, Kümmel, Knoblauch, Majoran, Salz, Pfeffer, Suppe oder Wasser, 1kg Kartoffeln, 200 g Lyoner oder Würstl, 2 EL Sauerrahm

Speck würfeln, auslassen, feingeschnittene Zwiebeln darin goldgelb rösten, Paprika zufügen, mit Essig ablöschen, mit Suppe oder Wasser aufgießen. Kümmel, Knoblauch, Majoran zugeben. Kartoffeln schälen und würfelig schneiden, zufügen, salzen, weichkochen. Wer mag, kann Fleischwurstscheiben zufügen, aufkochen, mit Sauerrahm verfeinern, evtl. mit etwas Mehl binden. Röstet man mit der Zwiebel zusammen 1 TL Majoran, erhält man **Majoran–Erdäpfel.**

Himmel und Erde

750 g Kartoffeln, 1 l Wasser, Salz, 500 g Apfelmus, 1 TL Zucker, 2 Zwiebeln, 125 g durchwachsener Speck, Essig zum Abschmecken

Kartoffeln schälen, waschen und in einem Topf mit gesalzenem Wasser ca. 20 Min. weichkochen. Abgießen, trockendämpfen und durch die Presse drücken. Apfelmus beifügen, die Masse mit dem Schneebesen schaumigrühren. Bei ca. 100°C Temperatur erhitzen, Zucker zugeben, Zwiebeln und Speck feinwürfeln und in separater Pfanne goldgelb rösten. Dann in die Kartoffel-Apfelmus-Masse geben. Mit Essig und Salz abschmecken.

Dieses rheinländische Traditionsgericht wird hauptsächlich zu gebratenen Blut- und Leberwürsten serviert und heißt im Rheinland: „Hımmel und Äad met Blotwooscht". Sicherlich nicht jedermanns Sache, aber trotzdem mal einen Versuch wert.

Pommes frites (S.30)

Aufläufe

Kartoffel-Zucchini-Auflauf

*500 g Kartoffeln, 500 g Zucchini, 3 Eier, 1/8 l
Milch, 100 g Reibkäse, Salz, Pfeffer*

Kartoffeln waschen, kochen und in Scheiben schneiden, Zucchini in dünne Scheiben schneiden. Beide
dachziegelartig in eine Auflaufform schichten. Eier
mit Milch verquirlen, salzen, pfeffern, über die Masse
geben. Zum Schluß geriebenen Käse darüberstreuen
und im Backofen bei ca. 200°C rund 20 Minuten
backen. Wer will, kann gekochten, kleingeschnittenen Schinken auch noch beifügen.

Monica's Kartoffelgratin

*1 1/2 kg Kartoffeln, 3 EL Butter, Salz, Pfeffer, 300 g
ger. Emmentaler, 1/4 l heiße Milch, 20 g Butter*

Kartoffeln schälen, waschen und in dünne Scheiben

hobeln. Eine feuerfeste Form ausfetten, Kartoffel-scheiben lagenweise, abwechselnd mit Gewürzen und Emmentaler, in die Form schichten. Zum Schluß mit Milch übergießen, Butterflöckchen darüber-streuen und im Backofen bei 190°C 60 Min. backen.

Florentiner Kartoffeln

500 g Blattspinat, 1/4 l Wasser, Salz, 3 Sardellen-filets aus der Dose, geriebene Muskatnuß, 4 EL geriebener Gouda, Margarine oder Butter zum Einfetten, 1 kg Kartoffeln, 3/8 l Sauerrahm

Spinat putzen, waschen, im kochenden Salzwasser 5 Min. sieden, abtropfen lassen. Sardellenfilets hacken, mit Muskat und Gouda vermischen, alles zum Spinat geben. Kartoffeln waschen und in Scheiben schnei-den. Auflaufform ausfetten, Spinat-Sardellen-Käse-Masse hineingeben, Kartoffelscheiben darauf vertei-len. Mit verquirltem Sauerrahm begießen, im vorge-heizten Ofen auf mittlerer Schiene ca. 20 Minuten bei 200°C backen. Vorsicht beim Salzen!

Hellerinchen's Gratin Dauphinois

1 kg Kartoffeln, Butter zum Einfetten, Salz, Pfeffer,
2 Knoblauchzehen, ca. 60 g Reibkäse (kein Par-
mesan!), 2 EL Butter, ca. 1/4 l abgekochte Milch,
100 ml Schlagrahm

Möglichst gleichmäßig große Kartoffeln waschen, schälen und in gleichmäßige, dünne Scheiben schneiden. Flache, feuerfeste Form ausfetten, Kartoffeln schichtweise hineinlegen. Jede Schicht mit Butterflöckchen, durchgepreßtem Knoblauch, Pfeffer und Salz würzen und etwas Käse darüber streuen. Oberste Kartoffelschicht sorgfältig mit Käse-Gewürz-Mischung bedecken. Aufgekochte Milch mit Schlagrahm, Salz und Pfeffer vermengen und über die Kartoffeln gießen. Mit Alufolie abdecken, auf mittlerer Schiene im Backofen bei ca. 200°C rund 50 Min. überbacken. Alufolie abnehmen, restlichen Käse darüberstreuen, Butterflöckchen aufsetzen und bei Oberhitze bräunen. Mit der Gabel probieren, ob die Kartoffeln weich sind. Schmeckt mit grünem Salat.

Kartoffelgratin (S. 58)

Sauerkraut-Kartoffel-Auflauf

500 g Pellkartoffeln, 200 g Salami, 100 g Emmentaler, 1 Apfel, Margarine oder Butter zum Einfetten, 500 g Sauerkraut, 3 EL Rosinen, 1 Zwiebel, 4 Eier, 1/2 l Milch, Salz, 1 Msp. ger. Muskatnuß, 60 g Butter oder Margarine, 3 Tomaten, 1 Bund Schnittlauch

Kartoffeln kochen, schälen, ausdämpfen lassen, in Scheiben schneiden. Salami, Käse und Apfel würfeln und in einer Schüssel mischen. Feuerfeste Form ausfetten, lagenweise Kartoffeln, Sauerkraut und Salami-Käse-Apfel-Würfel einschichten. Dazwischen einige gewaschene, getrocknete Rosinen streuen. Mit Sauerkrautschicht beenden. Zwiebeln feinhacken, mit Eiern, Milch, Salz, Pfeffer und Muskatnuß verrühren, über das Sauerkraut verteilen. Butterflöckchen aufsetzen, im vorgeheizten Ofen auf der untersten Schiene ca. 30 Min. bei 200°C backen. Tomaten waschen, in Scheiben schneiden und nach der Hälfte der Backzeit auf den Auflauf legen. Mit Schnittlauch bestreut servieren. Wein oder Bier passen gut dazu!

Kartoffel-Käse-Pudding

500 g mehlige Kartoffeln, 250 g gekochter Schinken, 130 g Grieß, 2 Eier, 1/8 l Milch, 100 g frischer Gouda, je 1 Bd. Petersilie und Schnittlauch, Salz, Pfeffer, Muskat

Kartoffeln in der Schale weichkochen, schälen und durch die Kartoffelpresse drücken. Schinken würfeln. Kartoffelmasse mit Grieß, Eiern, Käse und Milch vermengen, mit Gewürzen abschmecken, Schinken hinzufügen. Puddingform fetten und mit Paniermehl ausstreuen, Kartoffelmasse hineingeben, Form schließen und im Wasserbad bei mittlerer Hitze ca. 1 Stunde kochen. Puddingform aus dem Wasserbad nehmen, ca. 15 Min. ruhen lassen, Puddingmasse am Rand mit dem Messer ablösen, stürzen, servieren.

Nürnberger Kartoffel-Auflauf

1 kg Kartoffeln, 4 Bratwürste (ca. 400 g), 8 Tomaten, 1/2 Bund Petersilie und Schnittlauch, Salz,

Pfeffer, 2 Zwiebeln, 2 Eier, Margarine oder Butter zum Einfetten, 150 g Chesterkäse, 60 g Butter, 2 Tomaten und 1/2 Bund Petersilie

Kartoffeln waschen und gut abbürsten. In der Schale in reichlich Wasser kochen, schälen und ca. 30 Min. auskühlen lassen. In würfelige Stifte schneiden. Bratwurstfülle in eine Schüssel geben, Tomaten überbrühen, enthäuten, Stengelansätze entfernen. Nun feinwürfeln und mit der Bratwurstfülle vermischen. Schnittlauch, Petersilie und Zwiebeln feinhacken, Eier zufügen und alles zu einer glatten Fleischfarce verarbeiten. Nochmals gut abschmecken. Feuerfeste Form ausfetten, abwechselnd mit Kartoffelstiften und Fleischteig schichtweise belegen, alle Schichten erneut gut würzen. Mit Kartoffelschicht beenden. Käse grob reiben und über die letzte Kartoffelschicht geben. Butterflöckchen aufsetzen, im vorgeheizten Backofen auf mittlerer Schiene rund 30 Minuten bei 200°C backen. Mit gehackter Petersilie und Tomatenscheiben garnieren.

Pinzgauer Preßknödel (S. 69)

Pfannengerichte

Bauernpfanne

750 g Kartoffeln, 100 g Speck, Salz, 3 Eier, 3 EL Milch, 125 g Schinkenwürfel, 2 Tomaten, 1/2 Bund Schnittlauch

Kartoffeln kochen, abschrecken, schälen, ausdämpfen, in Scheiben schneiden, Speck würfeln und in der Pfanne auslassen, Kartoffeln zugeben, salzen und hellbraun braten. Eier mit Milch und Salz verquirlen, Schinkenwürfel beifügen, Tomaten abziehen, achteln. In die Eiermilch geben, alles über die Kartoffeln gießen und bei kleiner Flamme stocken lassen. Schnittlauch feinschneiden und darüber streuen.

Tiroler Gröstl

750 g Kartoffeln, 1 Zwiebel, 250 g Schweineschulter, 40 g Fett, 20 g Butter, Salz, Pfeffer, 1/8 l Fleischbrühe, Petersilie zum Bestreuen

Kartoffeln kochen, abschrecken, schälen, auskühlen lassen und in Scheiben schneiden, in heißer Butter anrösten. Zwiebel hacken und in Butter anrösten. Fleisch würfeln, salzen, pfeffern und in der Fleischbrühe weichdünsten. Alles zusammenmischen und mit frischer Petersilie bestreut servieren.

Varianten vom beliebten Tiroler Gröstl sind das Innsbrucker Herrengröstl, welches mit Kalbfleisch zubereitet wird, und das einfache Bauerngröstl, zu welchem man Rindfleisch oder fein geschnittenen Speck (oder Schinkenwürfel) nimmt.

Kartoffelpuffer

1500 g Kartoffeln, 2 Zwiebeln, 3 Eier, Salz, Fett oder Öl zum Braten, evtl. Apfelmus oder Sauerkraut als Beilage

Die Beliebtheit dieses Gerichtes reicht vom Nordpol bis Australien. In den verschiedensten Variationen werden die auch Reibekuchen oder Pancakes genannten Puffer mal süß, mal herzhaft deftig, serviert.

Das Grundrezept bleibt immer gleich: Kartoffeln schälen, waschen, trockentupfen. Auf der Reibe in eine Schüssel reiben. Zwiebeln feinhacken, zusammen mit den Eiern und Salz zugeben. Öl portionsweise in der Pfanne erhitzen, Teig löffelweise hineingleiten lassen und auf beiden Seiten knusprig braten. Wer die Kartoffelpuffer süß mit Apfelmus genießen will, läßt natürlich die Zwiebeln weg!

Kartoffelpuffer herzhaft

1 Pckg. Kartoffelpufferpulver, evtl. 1 Ei, Öl oder Pflanzenfett zum Ausbacken. Zum Belegen wahlweise: Tomaten- und Zucchinischeiben, Paprikastreifen, Champignonscheiben, Zwiebelringe, Artischockenherzen, Peperonischoten, Krabben, Sardellenfilets, Kapern, Oliven, Landjäger, Salami etc. Reibkäse oder Mozzarella zum Überbacken

Kartoffelpufferteig nach Packungsanweisung herstellen, evtl. 1 Ei in die Teigmasse mischen. Kartoffelpuffer in heißem Öl oder Fett ausbraten, erst wenden, wenn sich ein goldfarbener Rand gebildet hat. Auf ein Backblech setzen und mit verschiedensten Zutaten (s. oben) belegen. Im vorgeheizten Backofen bei ca. 250°C 5-10 Min. überbacken, bis der Käse zu schmelzen beginnt. Guten Appetit!

Pinzgauer Preßknödel

Ca. 1 kg Kartoffeln, 400 g Pinzgauer Almkäse, 3 Eier, Petersilie, ca. 200 g Mehl, Fett zum Backen

Die Mengenangaben beim Mehl richten sich nach der Beschaffenheit der Kartoffeln. Diese möglichst am Vortag kochen, schälen, zerstampfen. Den Käse in Würfel schneiden und zufügen. Ei und Petersilie beimengen. Soviel Mehl zufügen, „wie der Teig braucht". Mit dem ins heiße Fett getauchten Löffel Teig ausstechen, zu Knödeln formen und diese im heißen Fett plattdrücken. Auf beiden Seiten schön braun braten, aus der Pfanne nehmen. Meine Mutter serviert die Preßknödel entweder in der Suppe, in der man sie noch rund 10 Min. ziehen läßt, oder aber als Hauptgericht mit Sauerkraut. Preßknödel werden teilweise von Ortschaft zu Ortschaft verschieden zubereitet. Man kann auch noch 1 alte Semmel zum Teig geben.

Kartoffelnudeln („Oischneidnidei")

1 kg Kartoffeln, 300 g Mehl, 2 Eier, Salz, Fett zum Ausbacken, Sauerkraut oder Apfelmus

Gekochte und passierte Kartoffeln mit Mehl, Eiern und Salz zu einem Teig kneten. Fingerdicke Nudeln ausrollen, ca. 1 cm lange Stücke abschneiden und im heißen Fett goldbraun ausbraten. Mit Sauerkraut oder, wer es gerne süß mag, mit Apfelmus servieren. Auch Buamazipfei oder Krampusschwanzl genannt.

Erdäpfelstrudel

600 g Kartoffeln, Salz, 60 g Fett, 1 Zwiebel, 200 g Schinkenspeck, 2 Eier, Sauerrahm, Fett zum Backen. Strudelteig: 250 g Mehl, 1-2 EL Öl, 1/8 bis 1/4 l lauwarmes Wasser, Prise Salz

Für den Strudelteig Mehl auf das Nudelbrett geben, Mulde hineindrücken, lauwarmes Wasser, Prise Salz und Fett zufügen. Mit dem Messer verteilen, mit den Händen zu einem weichen Teig verarbeiten, bis er sich vom Brett löst. Auf bemehltem Brett zu einem Laib formen, mit Öl bestreichen und ca. 30 Min. ruhen lassen. Auf bemehltem Strudeltuch ausrollen, so dünn wie möglich über beide Hände ausziehen. Geschälte, geviertelte Kartoffeln in Salzwasser weichkochen, durch die Presse drücken. Im Fett die feingehackte Zwiebel und den würfelig geschnittenen Schinkenspeck rösten. Zur Kartoffelmasse geben. Diese nun mit den Eiern und etwas Sauerrahm vermengen. Alles auf den ausgezogenen Strudelteig auftragen. Zusammenrollen, mit der Naht nach unten auf ein gefettetes Backblech setzen, mit Butter bestreichen und im Rohr bei 220°C 50 Min. auf der mittleren Schiene herausbacken. Eine pikante Variante davon ist, wenn man statt der 600 g Kartoffeln nur die Hälfte nimmt und die andere Hälfte durch Sauerkraut ersetzt.

Salat schmeckt dazu prima!

Kartoffelpuffer (S. 67)

Süße Kartoffelgerichte

Sachsens Antwort auf Österreichs Mehlspeisen:

Quarkkeulchen mit Apfelspalten

500 g Kartoffeln, 50 g Mehl, 200 g Topfen/Quark, 1 Prise Salz, 50 g Zucker, 1/2 TL abger. unbehandelte Zitronenschale, 3 Eier, 2 EL geh. Mandeln, 2 EL gehobelte Mandeln, Butter zum Ausbacken, Zimtzucker; 300 g Äpfel, 50 g Butter, 50 g Honig, 250 g Apfelmus, Minzeblätter, Schlagrahm

Kartoffeln waschen, schälen, reiben und locker mit Mehl vermengen, Topfen/Quark , Salz, Zucker und Zitronenschale beigeben und zu Teig verarbeiten. Mandeln einarbeiten. Mit bemehlten Händen kleine Keulchen formen und in Butter langsam goldbraun ausbacken. Mit Zimtzucker bestreuen. Zubereitung der Apfelspalten: Äpfel schälen, vierteln, Kerngehäuse entfernen, in Scheiben schneiden. Butter in Pfanne mit Honig erhitzen, Apfelspalten darin schwenken. Apfelmus in Topf erwärmen, Apfelspalten darauf anrichten, mit Minzeblättern und Schlagrahm garnieren. Kann auch mit Beerenobst serviert werden.

Obstknödel

400–500 g mehlige Kartoffeln, 20 g Butter oder Margarine, 120 g Mehl, 30 g Grieß, 1 Ei oder 2 Eidotter, Salz, Steinobst nach Wahl, Würfelzucker zum Füllen des Obstes, 100 g Semmelbrösel, 50 g Butter, Zimtzucker

Kartoffeln in Salzwasser weichkochen, schälen, noch heiß durch die Presse drücken, mit Grieß vermengen, erkalten lassen. Dann mit Ei bzw. Eidotter, nicht zerlassener Butter, Salz und Mehl (man kann auch ein sogenanntes griffiges Mehl verwenden) zu einem weichen Teig verkneten. 30 Min. rasten lassen, aus dem Teig eine Rolle formen, kleine Scheiben abschneiden, den Teig mit Obst (Marillen/Aprikosen, Zwetschgen etc., Steine entfernen und durch ein Stück Würfelzucker ersetzen) füllen, zu Knödeln drehen und in Salzwasser ziehen lassen. Die Knödel sind gar, sobald sie vom Topfboden aufsteigen. Knödel mit dem Schaumlöffel herausnehmen, abtropfen lassen. Butter in der Pfanne zerlassen, Brösel darin goldgelb rösten und mit Zimtzucker vermischen, Knödel darin mehrmals wenden, sofort servieren.

Powidlknödel

1 kg Kartoffeln, 1 Ei, 1 Prise Salz, 250 g Mehl, 1 Glas Powidl (Pflaumenmus), 100 g Semmelbrösel, 60 g Butter

Kartoffeln weichkochen, schälen und auf einem Nudelbrett feinreiben. Ei, Salz und Mehl zugeben und alles zu einem Teig verarbeiten. Ausrollen, fingerdicke Scheiben abschneiden, plattdrücken, mit Powidl füllen, zu Knödeln formen und in kochendes Salzwasser gleiten und in ca. 20 Min. garziehen lassen. Brösel in Butter abschmälzen, evtl. etwas Zucker unterrühren. Knödel mit Schaumlöffel herausnehmen und in den Bröseln wenden.

Marillenknödel (S. 75)

Mohnknödel

750 g Kartoffeln, Mehl nach Bedarf, Salz; Mohnfül-
le: 250 g Mohn, 20 g Butter, 1/8 l Milch, 4 EL Zucker

500 g Kartoffeln schälen, reiben, auspressen, 250 g
Kartoffeln waschen, weichkochen, schälen und
durch die Presse drücken. Rohe und geriebene Kartoffelmasse vermengen, salzen und mit Mehl je nach
Bedarf zu einem Teig verarbeiten. Zur Rolle formen,
fingerbreite Scheiben abschneiden, plattdrücken. Für
die Mohnfülle den gestoßenen Mohn in wenig Butter
bräunen, mit heißer Milch und etwas Zucker aufkochen, quellen lassen und leicht abkühlen lassen. Je
einen TL Fülle auf die plattgedrückte Teigscheibe
geben, zu Knödeln formen und in kochendem Salzwasser ca. 15–20 Min. garziehen lassen. Mit Schaumlöffel herausnehmen, in gebräunter Butter abschmälzen. Dazu paßt Zwetschgenkompott! Schneller geht
dieses Rezept, wenn man bereits eine verarbeitungs-
fertige Mohnmischung bzw. zumindest bereits gemahlenen Mohn verwenden.

Mohnzelten

250 g Kartoffeln, 250 g Mehl, Salz, 20 g Butter, 1/8 l Schlagrahm, 1 großes oder 2 kleine Eier; für die Füllung: 200 g gemahlener Mohn, 4 EL Zucker, Zitronenschale, 1-2 TL Rum, Zimt

Kartoffeln waschen, weichkochen, schälen, durch die Presse drücken und erkalten lassen. Zusammen mit Mehl, Butter, Salz, Rahm und Eiern zu einem Teig verarbeiten, eine Rolle formen, in Scheiben schneiden. Gemahlenen Mohn mit Zimt, feingeriebener Zitronenschale, Zucker und Rum gut verrühren. Die Mohnfüllung löffelweise auf die flachgedrückten Knödel geben, erst rundformen und dann wieder leicht flachdrücken. Auf ein gefettetes Backblech setzen und im Rohr bei mittlerer Hitze ca. 30 Min. backen, dabei einmal wenden. Die Backzeit ist je nach Backofen verschieden und muß durch die Gabelprobe festgestellt werden. Mohnzelten und Mohnknödel sind typisch für das niederösterreichische Waldviertel.

Kartoffeltorte

250 g Kartoffeln, 50 g Rosinen, 4 cl Rum, 50 g Orangeat, 4 Eier, 200 g Zucker, Salz, abger. Schale einer Zitrone, 25 g Mondamin, 1 Pckg. Backpulver, 75 g Mehl, 125 g gemahlene Haselnüsse, Margarine zum Einfetten, Semmelbrösel, 200 g Staubzucker, 2 EL heißes Wasser, 2 EL Rum

Kartoffeln am Vortag kochen, schälen, durch die Presse drücken. An kühlem Ort ruhen lassen. Rosinen mit heißem Wasser abspülen, abtropfen, mit Rum begießen und quellen lassen. Orangeat fein hakken, Eier, Zucker, Salz und ger. Zitronenschale schaumigrühren, Speisestärke, Backpulver, Mehl, Haselnüsse und Kartoffeln beimengen, zum Teig verarbeiten. Getränkte Rosinen und Orangeat unterheben. Springform fetten und mit Brösel ausstreuen. Teig einfüllen und auf mittlerer Schiene im vorgeheizten Backofen bci 200°C ca. 60 Min. backen. Für den Guß: Staubzucker mit Wasser und Rum glattrühren und über die noch warme Torte gießen, glattstreichen.

Kartoffelnudeln (S. 70)

Salate

Kartoffelsalat klassisch

1 kg Kartoffeln, 1 Zwiebel, 4 EL Essig, Salz, Pfeffer, 3 EL Öl, 1/2 Knoblauchzehe zum Ausreiben der Schüssel, evtl. 1/8 l Fleischbrühe, 1 Prise Zucker

Möglichst speckige, sogenannte Salatkartoffeln waschen, kochen, schälen und in dünnblättrige Scheiben schneiden. Zwiebel in Ringe schneiden oder feinhacken. Die Salatschüssel mit einer Knoblauchzehe ausreiben. Aus den Gewürzen eine Marinade bereiten und über die Kartoffeln gießen, gut durchmischen und mindestens 1–2 Std. durchziehen lassen. Nochmals abschmecken. Saftig wird der Salat, wenn man einen Schöpflöffel Fleischbrühe dazugibt.Wird der Kartoffelsalat im warmen Zustand angemacht, so wird er sämiger, mit erkalteten Kartoffeln hingegen wirkt er weniger gebunden, d. h., Kartoffeln und Marinade bleiben für sich.

Kartoffelsalat mit Mayonnaise

1 kg Kartoffeln, 1/4 l Wasser (Fleischbrühe), 1 EL Salz, 4 EL Essig, Pfeffer, 100 g Mayonnaise, Senf

Kartoffeln waschen, kochen, abziehen und ausdämpfen lassen, in Scheiben schneiden. Aus Salz, Wasser oder Fleischbrühe, Essig und Pfeffer eine Marinade herstellen, über die Kartoffeln gießen, Mayonnaise untermischen, und gut vermengen. Weniger kalorienreich wird der Salat, wenn man 1/2 Mayonnaise und 1/2 Joghurt oder eine kalorienreduzierte Salatcreme verwendet. Evtl. noch mit Senf abschmecken.

Weihnachtssalat

10 gekochte Kartoffeln, 2 hartgekochte Eier, 150 g Cervelatwurst, 2 Salzgurken, 2 Zwiebeln, 4 Rote-Bete, 4 Äpfel, 1 Röhrchen Kapern, 4 Matjesfilet (wahlweise 2 gewässerte, ausgenommene, gehäutete Heringe), 3 EL Öl (kein Olivenöl!), 1TL scharfer Senf, Essig, Zucker, Salz, Pfeffer, Mayonnaise

Kartoffeln in Scheiben schneiden, Rote-Bete je noch Größe 1–1$^{1/2}$ Std. kochen, abschrecken, schälen. Alle anderen Zutaten möglichst kleinwürfelig schneiden und in eine große Schüssel geben. Aus den Gewürzen eine Marinade bereiten und über die Zutaten gießen. Zum Schluß Mayonnaise unterziehen. Mindestens 2 Stunden durchziehen lassen, nochmals abschmecken. Mit Weißbrot servieren!

Bunter Kartoffelsalat

300 g Salatkartoffeln, je 1 Paprikaschote rot und grün, 100 g Dosenchampignons, 2 feste Tomaten, 1 Zwiebel, 1 Gewürzgurke, Salz, Pfeffer, 2 EL Mayonnaise, 2 EL Magerjoghurt, je 1 TL Öl, Zucker, 2 EL Zitronensaft, 1 hartgekochtes Ei, 1 EL gehackte Petersilie

Kartoffeln je nach Größe in der Schale kochen, schälen und in Scheiben schneiden. Auskühlen lassen. Paprikaschoten waschen, entkernen und in kleine Würfel schneiden, Champignons feinblättrig aufschneiden, Tomaten achteln, Zwiebel feinhacken, Gurke in Würfel schneiden. Hartgekochtes Ei halbieren, das Weiße ganz feinhacken. Eigelb zusammen mit Mayonnaise, Joghurt, Öl, Zitronensaft und allen übrigen Gewürzen zerdrücken, mit Petersilie vermischen und über die Salatzutaten geben. Gut durchmischen und einige Stunden im Kühlschrank ziehen lassen.

Kartoffel-Eier-Salat

250 g Salatkartoffeln, 1/2 Tasse Fleischbrühe, Salz, Pfeffer, 1 EL Öl, 4 Eier, 125 g Champignons, 1 EL Butter, 1 hartgekochtes Ei, 1 Schalotte, 2 EL Essig, 1 TL Senf, Salz, Pfeffer, 3 EL Öl

Kartoffeln waschen und in der Schale kochen. Abkühlen lassen, abziehen und in nicht zu dünne Scheiben schneiden. Mit Fleischbrühe, Salz, Pfeffer und Öl marinieren. Eier ca. 7 Min. kochen, schälen und in Scheiben schneiden, in Butter dünsten, zu den Kartoffeln geben und locker unterheben. Hartgekochtes Ei kleinhacken und mit den übrigen Zutaten zu einer Soße verrühren. Vorsichtig unter den Salat heben und gut durchziehen lassen.

Kartoffelsalat Beate

500 g Kartoffeln, Salz, Pfeffer, 1 TL süßer Senf, 4 EL milder Essig, 2 EL Öl, evtl. etwas Wasser

Kartoffeln waschen, kochen, schälen und noch heiß so durch die Presse drücken, daß auch noch größere Kartoffelstücke erhalten bleiben. Aus den Gewürzen eine Marinade bereiten und mit dem Brei vermischen und nochmals abschmecken. Je einen Schöpflöffel mit der Kartoffelmasse füllen, auf den Teller stürzen und mit einem Petersiliensträußchen dekorieren. Schmeckt zu Bratwürsten, Tellerfleisch, Tafelspitz, kaltem Braten etc. Diese seltene Salatvariante stammt aus der Ammersee-Gegend, wo sich bayrische und schwäbische Küche einander die Hand reichen.

Nizzaer Salat

500 g Kartoffeln, Salz, 1 kl. Dose Prinzeßbohnen, 4
Tomaten, 1 Glas Kapern (ca. 60 g), 6 gefüllte grüne
Oliven, 6 schwarze Oliven, 4 Sardellenfiliets, 4 EL
Öl, 2 EL Essig, Salz, weißer Pfeffer, 1 Prise Zucker

Kartoffeln schälen, waschen und mit dem Kartof-
felbohrer Kügelchen ausstechen, diese ca. 20 Min. in
Salzwasser kochen. Bohnen abtropfen und halbie-
ren, Tomaten häuten und achteln, entkernen. Die
schwarzen Oliven entkernen, Kapern und grüne Oli-
ven abtropfen, alles halbieren. Sardellenfilets mit kal-
tem Wasser abspülen, trockentupfen und in dünne
Streifen schneiden. Aus Öl, Essig, Salz, Pfeffer und
Zucker eine Marinade bereiten und über die übrigen
Zutaten geben. Rund 45 Min. durchziehen lassen.
Zum Garnieren sollte man einige Oliven, Kapern und
Sardellenringe beiseite legen.

Schmeckt hervorragend mit frischem Baguette und
einem leichten Rotwein.

Gnocchi (S. 94)

Kalifornischer Kartoffelsalat

750 g Salatkartoffeln, Salz, 1/8 l Fleischbrühe, 2 EL Öl, 4 EL Essig, weißer Pfeffer, 1 Zwiebel (klein), 100 g Mayonnaise, 6 Pfirsichhälften aus der Dose, 200 g Walnußkerne

Kartoffeln waschen und in reichlich Salzwasser weichkochen. Abschrecken, schälen, ausdämpfen lassen, in dünne Scheiben schneiden. Fleischbrühe darübergießen und 15 Min. durchziehen lassen. Aus Öl, Essig, Salz und Pfeffer eine Marinade bereiten, Zwiebel feinhacken, zu den Kartoffeln geben. Rund 1 Std. durchziehen lassen. Mayonnaise unterrühren. Pfirsichhälften abtropfen, Walnußkerne hacken und mit den Pfirsichen zu den übrigen Zutaten geben. Vorsichtig untermischen, in einer Schüssel anrichten und mit einigen Walnüssen dekorieren.

Diese, auf den ersten Blick unübliche Variante des Kartoffelsalates sollte man trotzdem mal probieren – sie erinnert an Sommer, Sonne und Urlaub!

Kartoffel-Gurken-Salat

1 kg Salatkartoffeln, 1 Salatgurke, 1 Bund Dill, 5 EL Essig, 1/8 l Sauerrahm, Pfeffer, Zucker, Salz

Kartoffeln waschen, weichkochen, abgießen, schälen und ausdämpfen lassen. Noch warm in dünne Scheiben schneiden. Gurke schälen und hobeln (einige Scheiben zur Garnierung weglegen). Mit Essig übergießen, salzen, pfeffern, evtl. eine Prise Zucker zufügen. 10 Minuten durchziehen lassen. Dill waschen und feinhacken. Sauerrahm verquirlen, mit Dill vermischen, vorsichtig unter den Salat ziehen. Im Kühlschrank ca. 20 Min. zugedeckt durchziehen lassen. Nochmals abschmecken, mit Gurkenscheiben garnieren.

In Bayern läßt man Dill und Sauerrahm weg und fügt ca. 1/8 l Fleischbrühe hinzu. Gut durchmischen und durchziehen lassen. Schmeckt zu Schweinebraten! In der Alpenrepublik mischt man feingeschnittenen Endiviensalat unter den Kartoffelsalat.

Schlank mit Kartoffeln

Wer schnell und ohne zu hungern ein paar Kilo abnehmen möchte, sollte nachstehende Rezepte probieren. Kartoffeln eignen sich ideal zum Entschlacken und für Fastentage zwischendurch mit ca. 800–1000 Kalorien. Frühstück und Zwischenmahlzeiten kann man individuell gestalten. Alkohol ist an den Fastentagen absolut verboten! Mineralwasser, ca. 2 l am Tag, ist aber ein Muß! Alle Rezepte sind für 2 Personen berechnet.

Knödelgratin „Italienische Art"

1 Pckg. 5 Min. Knödel halb und halb, 1 Zucchini (250 g), 1 Pckg. fertige Tomatensauce, 100 g ger. mittelalterlicher Gouda-Käse

Salzwasser aufkochen, Topf von der Kochstelle nehmen, Knödel einlegen, 5 Min. ziehen lassen, herausnehmen, erkalten lassen. Zucchini waschen, in Scheiben schneiden, Knödel ebenfalls in Scheiben schnei-

den. Fächerartig beides in eine Gratinform schichten. Tomatensauce mit Reibkäse vermischen, über die Knödel-Zucchini-Scheiben geben. Bei 225°C im vorgeheizten Backofen ca. 20 Min. überbacken.
1 Portion enthält ca., 465 kcal/1955 kJ.

Bratkartoffeln mit Gemüse

150 g tiefgefrorene Erbsen, 1 rote Paprikaschote (220 g), 1 Pckg. Bratkartoffeln im Frische-Pack, 1 kleine Dose Mais (ca. 140 g Abtropfgewicht), Pfeffer, Salz, 1 TL Oregano

Erbsen auftauen, Paprikaschote putzen, in Würfel schneiden. Bratkartoffeln in beschichtete Pfanne geben und ohne Fettzugabe bei starker Hitze ca. 5 Min. anbraten. Gemüse zugeben, 10 Min. dünsten. Mit Salz, Pfeffer und Oregano abschmecken.
1 Portion enthält ca. 378 kcal/1590kJ

Gnocchi mit grünen Bohnen

1/8 l Milch, Salz, 60 g Hartweizengries, 1/2 Pckg. "Gekochte Knödel", 1/4 l Wasser, 300 g tiefgefr. Schnittbohnen, 1/8 l Wasser, 1 Pckg. fertige Tomatensauce, 1 EL Olivenöl, Salz, Pfeffer

Milch mit Salz aufkochen, Hartweizengries einrühren und ausquellen lassen. 1/2 Pckg. „Gekochte Knödel" mit Schneebesen in kaltes Wasser einrühren, 5 Min. quellen lassen. Grießbrei unter den Kartoffelteig rühren und 10 Min. ruhen lassen. Aus dem Teig 2–3 cm dicke Rollen formen und in 1 cm dicke Scheiben schneiden. Mit der Gabel flachdrücken, so daß das Muster der Zinken zu sehen ist. Portionsweise in kochendes Wasser geben und 5–7 Min. bei schwacher Hitze sieden lassen. Wasser mit Salz aufkochen, Bohnen zugeben, ca. 10 Min. köcheln. Tomatensauce beifügen, ca. 5 Min. mitkochen. Olivenöl unterrühren, mit Salz und Pfeffer abschmecken. Gnocchi auf der Tomaten-Bohnen-Sauce anrichten und servieren. 1 Portion enthält ca. 472 kcal/1955 kJ.

Rezept-Register

95